Pin

et le lap

POCKET
jeunesse

Dans la même collection :

Pingu joue les casse-cou
Pingu fait du snowboard
Pingu et le ballon de Pinga

Loi n° 49-956 du 16 juillet 1949
sur les publications destinées à la jeunesse : février 2005.

Titre original : *Pinga's Lost Rabbit*
Scénario original de Sally Lever

Une adaptation de Fanny Joly
d'après la série télévisée « Pingu »

www.pingu.com

ISBN : 2-266-14962-8

Suite au premier tirage : février 2005
Dépôt légal : février 2005
Imprimé en France par Pollina, 85400 Luçon - n° L96010B

Adaptation de Fanny Joly

Pingu™ et le lapin perdu

Pingu adore embêter sa petite sœur.
Il s'amuse à l'imiter.
Il prend son vieil ours
et lui fait plein de bisous.

Il fait comme Pinga
avec son Lapinchou adoré.
– Laisse-moi tranquille !
pleurniche Pinga en serrant
Lapinchou dans ses bras...

Pingu attrape le lapin de Pinga :
– C'est mon lapin-in !
Il est à moi-a !
Na-na-na !

– Rends-moi mon Lapinchou !
crie Pinga en sautant
sur l'ours de Pingu.

Pingu a une nouvelle idée :
il lance Lapinchou en l'air.

Oh là là ! Pinga est contrariée.
Elle va se mettre à pleurer.

Maman arrive :
– Qu'est-ce qui se passe encore, les enfants ?
– C'est Pingu, sanglote Pinga, il est très méchant...

... il a lancé mon Lapinchou là-bas !

Papa console
sa Pinga adorée.

– Prends cet ours-là en attendant.

Maman se fâche contre Pingu :
– Va chercher ce lapin
im-mé-dia-te-ment !

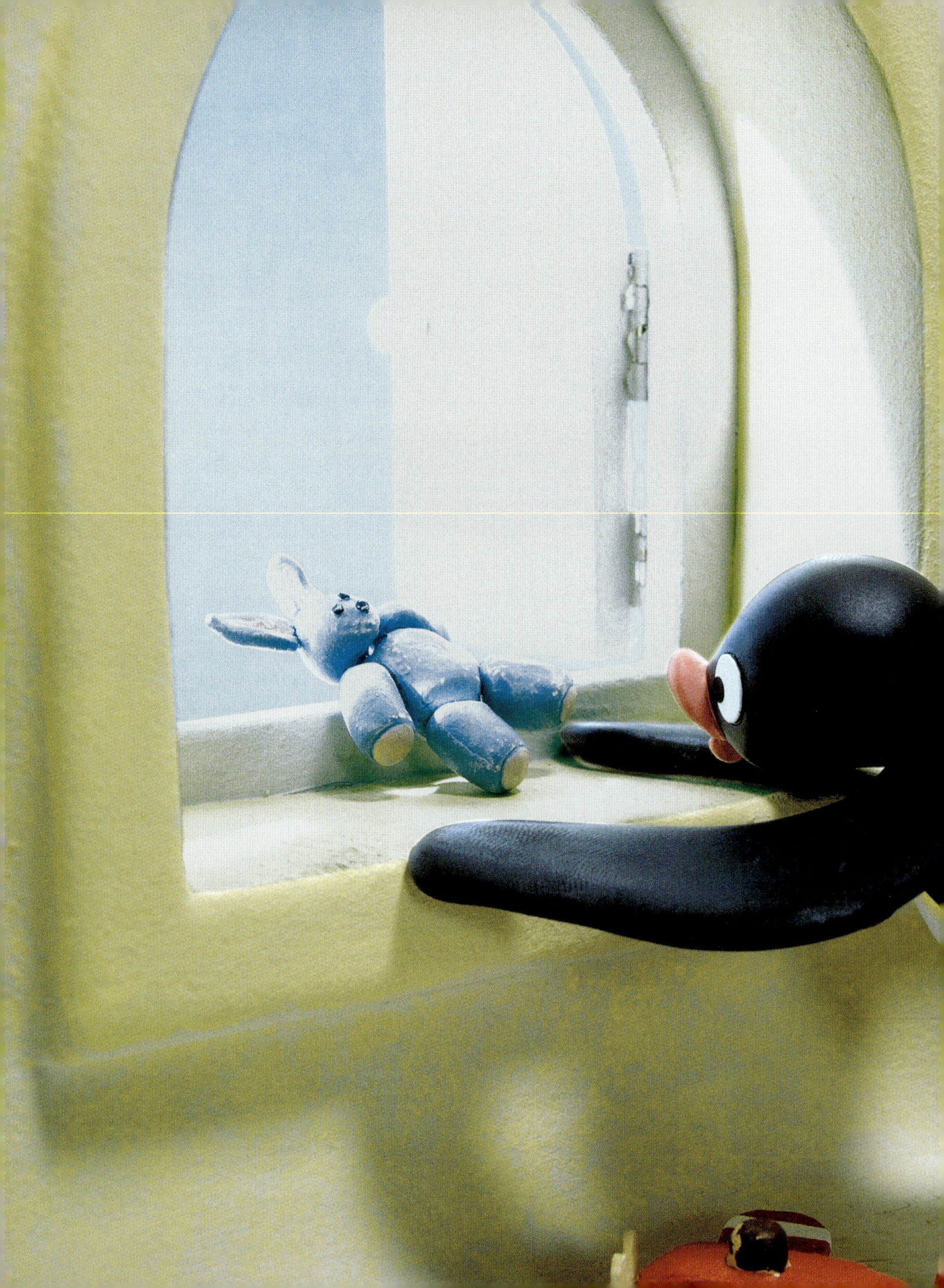

Pingu obéit.
Il va récupérer Lapinchou.
Mais au moment de l'attraper,
Il se prend les pieds
dans le tracteur et... **zioup !**
Lapinchou passe par la fenêtre !
Papa se met à crier :
– Pingu ! Ramène ce lapin
sur-le-champ !

Après un vol plané
très impressionnant,
Lapinchou atterrit en bas,
sur la luge.

Vite, Pingu glisse sur la glace,
mais la luge s'en va déjà...

– Au secours !
Lapinchou, Lapinchou,
crie Pingu.

Heureusement,
Robby le phoque est là !
Il réussit à stopper Lapinchou.

– Trop drôle, ce lapin !
s’exclame Robby.
Et il fait sauter,
bondir,
virevolter
Lapinchou
au bout de son nez.

– Hé ! Attention ! crie Pingu.

Trop tard.
Lapinchou s'envole et se pose...
au beau milieu d'un iceberg.
Pingu est catastrophé.
Comment va-t-il le rattraper ?

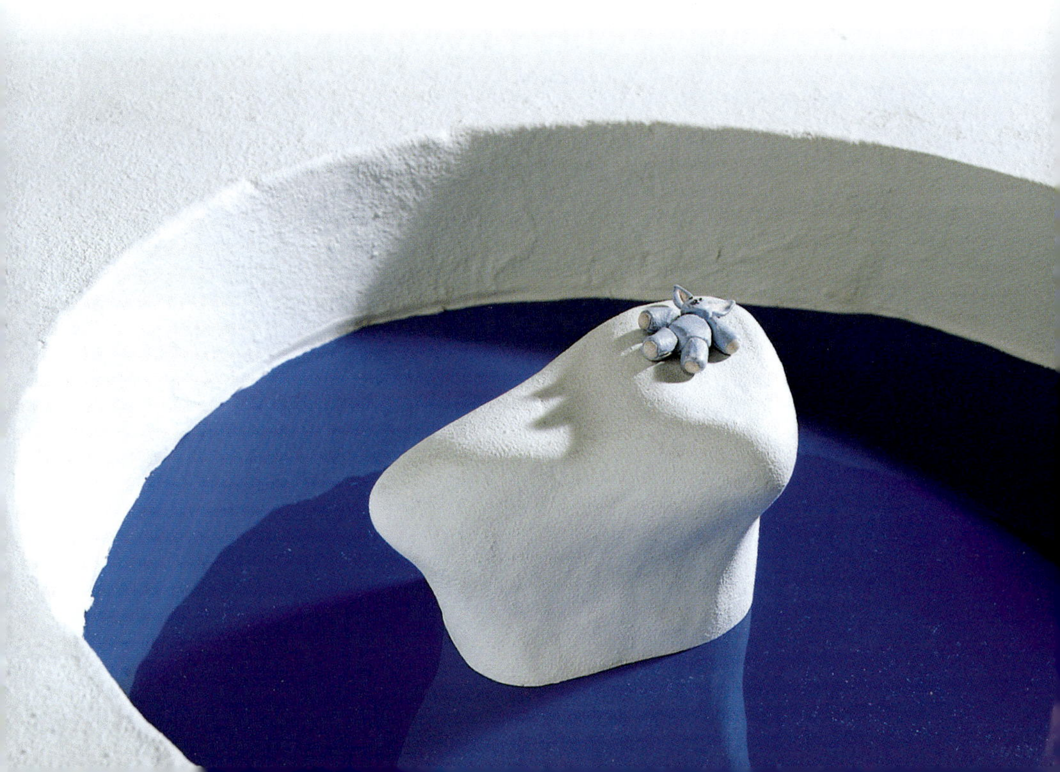

Coup de chance !
Quelqu'un a oublié
sa canne à pêche
au bord de la banquise.
« C'est le moment d'être bon ! »
se dit Pingu en lançant le bouchon.

Victoire !

Pingu a pêché Lapinchou !

Tout content,
Pingu rentre à la maison.
Mais sa sœur est très occupée.

Pinga joue
avec le vieil ours de Pingu.
Elle lui donne du thé,
des gâteaux, du chocolat,
des bonbons, des biscuits...

– Tu veux ton Lapinchou ?
demande Pingu.
– Laisse-moi tranquille !
répond Pinga.
Pingu n'en revient pas.
Il installe le lapin sur une chaise...

– Ne t'inquiète pas, Lapinchou,
dit Pingu.
Je vais te donner ton goûter,
moi !